AF268228

R uespoorauy

LIBERTÉ. ÉGALITÉ.

Paris, le 20 Prairial an 7 de la République
française, une et indivisible.

L E S Représentans du Peuple, Députés par le
Département de la Moselle, à leurs Concitoyens
du même Département.

La faiblesse et les malheurs naissent des divisions intestines,
l'union seule fait la force et produit le bonheur public.

C I T O Y E N S,

Quand les Français, opprimés depuis quatorze siècles,
brisèrent leurs fers et reconquirent leur liberté, ils cou-
rurent ensemble aux armes: le mouvement fut universel;
ils oublièrent leurs rivalités et leurs divisions particulières,
pour se réunir contre le despote royal, qui était l'ennemi
commun; et, par cet accord général, ils parvinrent à ren-
verser son trône et à créer la République.

C'est par le même concert d'actions et de volontés qu'ils
parvinrent également à chasser du territoire de la Répu-

blique naissante, les rois coalisés contre son existence ; à détruire d'autres trônes à fonder sur leurs débris d'autres Républiques, et à faire trembler tous les oppresseurs des Peuples.

Aujourd'hui qu'une nouvelle coalition de despotes, abusant de la générosité républicaine, s'est organisée pendant que nous présentions à l'Europe l'olivier de la paix, après la victoire ;

Aujourd'hui que cette monstrueuse coalition menace nos frontières, après nous avoir déclaré, de fait, une guerre d'extermination, en faisant lâchement assassiner nos Plénipotentiaires, par la violation la plus atroce du droit des gens, nous avons essentiellement besoin de nous réunir pour vaincre les efforts liberticides de cette ligue sanguinaire, qui tendent évidemment à l'anéantissement de la République, au massacre de ses fondateurs, à l'asservissement et à la ruine des enfans de la grande Nation, au partage et au morcellement de son territoire. Les circonstances ne furent pas plus impérieuses à aucune des époques de notre immortelle révolution ; jamais elles ne commandèrent plus fortement aux Républicains de s'unir et de se serrer de nouveau, comme ils le firent dans les premiers dangers de la Patrie : cette sainte union des hommes libres, cette sublime énergie qu'ils firent éclater dans les beaux jours de la révolution, sont seules capables de la consolider, et d'imprimer de rechef aux bandes royales l'effroi qu'elles éprouvèrent une première fois, à l'aspect imposant et terrible d'un grand Peuple levé contr'elles en masse. Si une funeste division pouvait s'établir parmi nous ; elle nous entraînerait dans d'affreux déchiremens ; creuserait le tombeau de la République, et nous conduirait au plus dur esclavage, à travers des ruisseaux de sang.

Ceux-là, Citoyens, sont donc bien coupables qui, depuis long-tems, fomentent au milieu de vous les haines et les dissensions ; qui, pour se former un parti, qui donne quelque consistance à leur nullité personnelle, cherchent à diviser le grand parti des Républicains ; qui, pour satisfaire leur ambition et parvenir à des places dont la voix publique les repousse, employent sans cesse les armes de l'intrigue et de la calomnie ; qui diffament et tentent de faire proscrire les meilleurs Républicains, dont le seul crime est d'avoir obtenu votre confiance et vos suffrages, que vous avez refusés à ces persécuteurs ; qui, enfin, abusant d'un pouvoir éphémère, qui ne peut rester long-tems en d'aussi indignes mains, se sont transformés en délateurs constans des fonctionnaires que vous avez honorés de votre choix.

Tel est cependant, Citoyens, le rôle infâme que n'ont cessé de jouer quelques intrigans, depuis les élections de l'an 6 : nous avons souvent déjoué leurs perfides manœuvres, en faisant connaître la vérité ; nous éprouvons le besoin de vous la dire également, et nous regardons comme un devoir sacré de signaler à vos yeux les artisans de la discorde qu'on veut établir parmi vous, afin que, leurs trâmes une fois dévoilées, ils ne puissent plus égarer ni séduire aucun Citoyen de bonne-foi.

C'est avec le plus grand étonnement et la plus profonde

douleur, Citoyens, que nous avons appris la division qui s'est manifestée lors des dernières élections dans le Corps électoral de notre Département.

Cette affligeante division était d'autant plus improbable que le plus grand calme et la plus parfaite harmonie avaient régné dans la généralité de vos Assemblées primaires; qu'aucune scission n'y avait éclaté, et que tout promettait la même union dans le Corps électoral, formé des mêmes élémens, et dont l'immense majorité était républicaine. Par quelle fatalité ce Corps respectable n'a-t-il donc pas procédé avec le même accord, dont vous lui aviez donné le bel exemple dans vos Assemblées primaires?

Comment le trouble et la discorde s'y sont-ils introduits?

Par quel genre de machiavélisme est-on parvenu à diviser en deux partis des Patriotes qui étaient constamment restés unis depuis la révolution, et qui ne pouvaient avoir qu'un même vœu, celui de porter leurs suffrages sur des amis de la Constitution, de la Liberté et de l'Égalité?

Le problême n'est pas difficile à résoudre pour ceux qui, depuis une année, ont suivi dans notre Département la marche de quelques ambitieux, qui, dès-lors, avaient formé le projet d'y établir leur domination par la terreur, l'intrigue et la séduction, en s'y emparant, pour eux et pour leurs affidés, de toutes les places importantes, et en les exploitant à leur profit, comme une mine féconde : leurs desseins sont évidens aux yeux de tout Citoyen non prévenu.

C'est pour l'exécution de ces desseins liberticides qu'on

(5)

les a vus , sans relâche , calomnier et dénoncer , avec un acharnement inconcevable , une multitude de fonctionnaires républicains , pour leur substituer de dociles créatures.

C'est dans les mêmes vues que les mêmes ambitieux , abusant d'un crédit usurpé , d'une faveur momentanée , et se vantant sans cesse d'une haute protection , dont ils abusaient de la manière la plus indécente et la plus scandaleuse , se sont eux-mêmes proclamés les dispensateurs des places et des faveurs ; qu'ils se sont formé une cour servile , de ceux qui les briguaient , et qu'ils ont audacieusement menacé de destitution (qu'ils se flattaient d'avoir à leur disposition arbitraire), les électeurs-fonctionnaires qui seraient assez courageux pour résister à la naissante oligarchie , en portant librement leurs suffrages sur d'autres candidats que ceux qui seraient par elle désignés,

C'est dans les mêmes vues que les mêmes hommes , perdant toute retenue , et foulant aux pieds la liberté constitutionnelle des suffrages , ont osé , dès avant la réunion de vos électeurs , faire entendre de séditieuses menaces de scission , si leur liste de candidats n'était pas adoptée en son entier , par le Corps électoral , et annoncer qu'ils seraient assez puissans pour faire prévaloir les choix de la scission , si la moindre résistance à leurs volontés despotiques les mettait dans le cas de l'organiser.

Enfin , c'est dans les mêmes vues que , par une audace inouïe et toujours croissante , l'on s'est permis , dans une lettre officielle , de présenter les électeurs patriotes par vous nommés comme un ramas de factieux , qu'il était nécessaire de contenir par l'appareil d'une force armée, prise hors du sein de la brave Garde Nationale de Metz, dont les membres ont aussi été présentés comme des factieux, auxquels des vues séditieuses ont été gratuitement et faussement supposées.

C'est ainsi, citoyens, c'est par cette coupable tactique, c'est par ces dégoûtantes calomnies, que les usurpateurs de vos droits les plus sacrés sont parvenus à égarer quelques électeurs; à répandre la terreur dans l'esprit d'un plus grand nombre; à semer la division, et à porter le trouble dans le Corps électoral, où ils furent secondés par quelques valets de l'yhpocrite Mazade, et notamment par un réacteur aussi ardent à l'époque désastreuse de la persécution des Patriotes, qu'il s'était montré fougeux sous le Gouvernement révolutionnaire.

Mais les efforts de ces officiers auxiliaires des domina-teurs ayant échoué; leurs motions inconsidérées et leurs cla-meurs importunes ayant fatigué les électeurs, au lieu de les entraîner; et la très-grande majorité de l'Assemblée ayant manifesté, d'une manière non équivoque, qu'elle ne servirait pas les projets de l'intrigue et de l'ambition; la scission, projettée depuis long-tems, fut dès lors effectuée; le serviteur de Mazade fut celui qui en donna hautement le signal, en invitant les partisans des dominateurs à le sui-vre au lieu convenu : ce qu'ils firent d'abord en très-petit nombre; car si la scission obtint ensuite un renfort, et par lui quelque consistance, ce ne fut que par les suggestions et les intrigues subséquentes des meneurs étrangers au Corps électoral, et qui l'avaient les premiers imaginée. Comment pourrait-on douter de cette vérité, quand on sait (ce qui est prouvé dans différentes lettres), 1.º que ce sont les agens des dominateurs qui ont été chargés du soin de recruter pour la scission;

2.º Que ces dominateurs eux-mêmes ont poursuivi l'un des élus de l'assemblée-mère, non d'une manière légale et franche, mais avec les armes de la plus noire calomnie ;

3.º Enfin, qu'ils ont aidé, favorisé et soutenu de tout leur pouvoir les opérations illégales de la scission, tandis qu'ils ont apporté des entraves continuelles à celle de l'Assemblée principale et légitime, en méprisant et bravant ainsi le vœu de l'immense majorité de vos électeurs, et conséquemment votre propre vœu.

Aussi les opérations de cette nombreuse majorité, ayant été soumises à la sanction constitutionnelle du Corps législatif, et comparées à celles de la fraction scissionnaire, il n'a pas balancé, dans l'un et l'autre Conseils, d'approuver, à l'unanimité, les premières, malgré qu'il ait cru devoir se refuser à l'admission d'un des élus, qu'il a jugé être dans le cas de la loi du 3 Brumaire an 4; et c'est avec la même unanimité que le Corps législatif a marqué du sceau de sa réprobation les opérations de la scission, qui n'a pas même trouvé un seul défenseur dans les deux Conseils, tant son illigitimité avait frappé tous les esprits.

Le Corps législatif a facilement reconnu que ces opérations de la minorité étaient le fruit de l'intrigue et de la domination : la dernière des nominations au Corps législatif, faite par la scission, l'a sur-tout convaincu, qu'un tel choix,

qui avait porté sur un citoyen à-peu-près inconnu da[ns]
notre Département, ainsi qu'il l'a lui-même ingénueme[nt]
avoué dans sa lettre d'acceptation, ne pouvait avoir été lib[re]
et spontané; et qu'il était évidemment l'œuvre de la sugge[s-]
tion et de la terreur imprimées à une portion des électeur[s]
que l'on avait entrainés dans la scission.

Le Corps législatif a d'ailleurs été pénétré de l'insuffisan[ce]
et même de la ridiculité des prétextes de la scission, art[i-]
culés par les dissidens, qui s'étaient séparés, sans aucun m[o-]
tif légal et plausible, d'une majorité républicaine.

Enfin, il a rendu hommage, en écartant la scission, [au]
principe conservateur de notre Gouvernement représentati[f]
qui soumet le vœu de la minorité à celui légalement ém[is]
par la majorité; principe sans le maintien duquel il n'y a[u-]
rait bientôt plus que trouble, confusion et anarchie; l'arb[i-]
traire serait substitué aux règles constitutionnelles; et la so[u-]
veraineté du peuple, qu'il a reconquise, au prix de tant [de]
sang et de sacrifices, ne serait plus qu'une chimère.

Maintenant, Citoyens, réfléchissez sur la conduite crim[i-]
nelle des auteurs de la scission qui a éclaté, contre toute pr[o-]
babilité, dans un Corps électoral, où devait régner le pl[us]
parfait accord, puisqu'il était essentiellement composé [de]
Patriotes, entre des électeurs républicains, qui n'auraient év[i-]
demment eu qu'une même opinion, sans les insinuations étra[n-]
gères, les craintes et les séductions de tout genre, dont i[ls]
ont été environnés.

Voyez dans quel écart les dominateurs, pour satisfai[re]
leur insatiable ambition, et rompre l'ancienne union q[ui]

existait entre les Républicains de la Moselle, ont jetté une
partie de vos électeurs, et jugez si les intentions de ces con-
seillers de discorde peuvent être pures.

Voyez le sort déplorable de la scission, organisée par leurs
soins et leurs efforts et qu'ils s'étaient arrogamment vanté de
faire prévaloir.

Ce sort inévitable dévoile tout-à-la-fois le secret de leur
faiblesse, leur imprudence et leur turpitude; il démontre
combien il est dangereux de s'abandonner à leurs perfides
conseils; et combien, au contraire, il est utile et efficace
d'opposer une courageuse résistance à leur despotisme.

Qui pourrait, après cela, compter désormais sur leurs
trompeuses promesses, croire à leur crédit imaginaire, ou
s'effrayer de leurs vaines menaces ?

Appréciez-les à leur valeur réelle, abandonnez-les à
la nullité qui leur est propre, et dont ils ne sont sortis que
transitoirement et circonstanciellement; et vous demeurerez
bientôt convaincus qu'ils n'ont été forts un instant que par
leur audace, leurs intrigues, leurs perpétuelles délations,
en répandant parmi vous la terreur, et en y jettant conti-
nuellement des brandons de discorde.

C'est, nous le répétons, par l'effet d'une basse jalousie,
d'une plate vengeance, et parce que vos électeurs de l'an 6
leur avaient refusé des suffrages qu'ils avaient mandiés, qu'ils
ont persécuté, depuis cette époque, les élus qui avaient obtenu sur eux une honorable préférence.

Réunissez-vous, Citoyens, pour rompre ces infernales machinations ; ne formez qu'un faisceau, pour le désespoir des artisans de discorde, qui voudraient vous diviser.

Patriotes, qui avez été entraînés dans la scission, quittez les intrigans ambitieux qui vous y ont conduits, pour vous rapprocher franchement de vos frères, qui sont restés en grande majorité dans l'Assemblée-mère ; gardez-vous d'une coupable obstination ; elle ne serait propre qu'à alimenter des haines et à opérer une dangereuse division entre les Républicains.

Patriotes, qui avez composé l'Assemblée-mère, tendez à votre tour les bras à ceux que les efforts de l'intrigue ont éloignés un instant de vous, mais qui ne vous sont pas moins demeurés attachés par les liens indissolubles de l'affection et de la fraternité républicaine ; nous vous en conjurons tous, au nom de la Patrie en danger, qui réclame impérieusement l'union de ses enfans ; et votre constant amour pour cette mère commune nous garantit que nos prières ne seront pas vaines.

Citoyens de tous les états et de toutes les opinions, hâtez-vous également de vous réunir contre les forces ennemies qui menacent de nouveau votre indépendance, qui méditent le pillage de vos propriétés, l'incendie de vos habitations et l'égorgement des objets de vos plus chères affections : oubliez toutes vos quérelles personnelles, pour concentrer vos pensées dans le grand objet de la défense de la Patrie.

Le Corps législatif vous l'a dit, et c'est une vérité que tous doivent sans cesse avoir présente, les cohortes royales, si elles pénétraient sur notre territoire, par votre indifférence

à le défendre, ne vous tiendraient aucun compte de vos opinions, quelles qu'en aient été les nuances ; elles vous enve-
lopperaient dans une proscription commune, parce que vous
êtes Français.

Considérez donc comme vos plus cruels ennemis et
comme les auxiiaires de la coalition ceux qui, en vous
excitant à des haines particulières, cherchent à vous dis-
traire de la haine commune, qui doit vous animer contre les
féroces assassins de nos Ministres de paix, et à détruire la
sainte harmonie qui seule peut nous sauver et nous faire
triompher.

Républicains, qui avez concouru par votre énergie à la
destruction de la tyrannie royale, à la chûte du trône et à
l'établissement de la Liberté, prenez la résolution ferme et
invariable de vous réunir étroitement, pour déjouer, dans
tous les tems et dans toutes les circonstances, les projets
de l'intrigue et de l'ambition.

C'est par cette union désespérante pour le royalisme
comme pour le népotisme, que vos suffrages, libres et
dégagés de toute influence, porteront naturellement sur les
Citoyens les plus recommandables par leurs talens et leurs
vertus républicaines, et par un civisme énergique, constant
et éprouvé depuis la révolution.

C'est ainsi que se trouveront éliminés des fonctions publi-
ques les amis du trône ; les caméléons politiques ; les
hermaphrodites de la Révolution, qui ont vu tous ses mou-
vemens et ses dangers d'un œil froid et indifférent ; les lâches

qui n'ont osé partager ces dangers, et qui se présentent, après le combat, pour receuillir les fruits de la victoire; les faux Patriotes enfin, qui n'ont osé se décorer de ce titre honorable que dans les momens de prospérité de la République, et que l'on a vus varier, suivant les différentes oscillations de la Révolution.

C'est ainsi que vous seconderez puissamment les efforts de vos Représentans, qui tiendront le serment qu'ils ont fait au peuple Français de sauver la République ou de périr en la défendant.

Salut et fraternité.

Signé *Rolland*, *Couturier*, *Giral*, *Barthelemy*, *Bar*, *Gobert*.

A METZ, chez P. ANTOINE, Imprimeur, rue Mazelle.